여름 속, 우리 둘만의 사랑 연습

여름 속, 우리 둘만의 사랑 연습

차례

계절은 우리를 바라보고 10

사랑과 이별의 경계에서 12

이제 너의 우울을 달래줄게 14

계절은 우리를 바라보고 16

    우리는 언제나 여름 17

    여름에게 19

    여름밤 21

    네가 잠깐 머문 여름의 기억 23

    너를 닮은 계절 25

    지나간 여름을 그리며 27

    여름이라서 좋았어 29

    여름 속 낭만 30

    무더위 속 사랑 32

    떠나지 못한 여름 34

    여름의 정의 36

    여름, 그리고 사랑 37

    여름이 내게로 오는 중 39

너는 점점 여름이 되어갔다 41
봄이 오면 만나줘요 42
미완성 44
벚꽃 만개설 45
봄 한 스푼 46
피워내는 봄 48
떠나지 말아줘, 나의 봄아 50
봄, 그리고 청춘 52
여름과 겨울 경계에서 54
너는 여름을, 나는 겨울을 55
계절은 아무 잘못 없었다 56
그 어느 때 보다 찬란했던 계절 58
사계절이 아픈 이유 60

사랑과 이별의 경계에서 62

    곧 만날 당신이 있으니까 63

    연서 65

    꿈에 나온 당신 67

    글을 쓰는 마음 68

    백일몽 69

    널 놓을 수 없어 70

    그리움 72

    어쩌다 보니 그대를 73

    사랑하고 미워하다 75

    애증 77

    너에게 줄래 78

    너에게 전하는 편지 80

    말하지 못한 말들 82

    비에 젖은 편지 83

    비밀 이야기의 주인공 85

    후회가 없도록 사랑할 걸 87

    건조한 사랑 88

    핑계 90

나의 숙명 92
내 열일곱을 너로 물들이고 94
내 글은 서툴고 아파서 95
다정한 사랑 97
이별의 과정 99
아직 너에게 못다 한 말 101
그냥 네가 보고 싶다는 말이야 103
당신을 105
문장 107
아픈 손가락 109
때 아닌 사랑 111
첫사랑은 그리움의 정의 113
발음도 비슷한 것들끼리 115
너를 사랑하는 일은 시가 되고 117
폭죽 119
바다를 보며 120
페이지 121

이제 너의 우울을 달래줄게 122

유서 123

우울에 잠식 당하며 125

달빛 127

서러움 128

내일이 오지 않기를 129

익사 130

감당하지 못할 우울 131

나를 버린 당신에게 132

사랑이란 이름으로 134

아침 135

새벽 빛 138

우울의 결말 139

비극적 사랑의 결말 141

치부 143

우울의 이유 144

검은 물 속에서 146
공허해 148
없는 마음을 준 죄 150
아프진 않는데 아픈 것 같아 151
잃은 마음, 죽어가는 나 152
어린 시절 153
과거의 내가 지금이 되기까지 154
시련 156
순애 157
미소 뒤에 숨겨진 눈물 159
괜찮지 않아도 돼 161
오늘도 고생 많았어 163
천천히, 너의 속도로 164
파도가 마음을 씻어줄 거야 165

계절은 우리를 바라보고

우리는 언제나 여름

여름에게

여름밤

네가 잠깐 머문 여름의 기억

너를 닮은 계절

지나간 여름을 그리며

여름이라서 좋았어

여름 속 낭만

무더위 속 사랑

떠나지 못한 여름

여름의 정의

여름, 그리고 사랑

여름이 내게로 오는 중

너는 점점 여름이 되어갔다

봄이 오면 만나줘요

미완성

벚꽃 만개설

봄 한 스푼

피워내는 봄

떠나지 말아줘, 나의 봄아

봄, 그리고 청춘

여름과 겨울 경계에서

너는 여름을, 나는 겨울을

계절은 아무 잘못 없었다

그 어느 때 보다 찬란했던 계절

사계절이 아픈 이유

사랑과 이별의 경계에서

곧 만날 당신이 있으니까
연서
꿈에 나온 당신
글을 쓰는 마음
백일몽
널 놓을 수 없어
그리움
어쩌다 보니 그대를
사랑하고 미워하다
애증
너에게 줄래
너에게 전하는 편지
말하지 못한 것들
비에 젖은 편지
비밀 이야기의 주인공
후회가 없도록 사랑할 걸

건조한 사랑

핑계

나의 숙명

내 열일곱을 너로 물들이고

내 글은 서툴고 아파서

다정한 사랑

이별의 과정

아직 너에게 못다 한 말

그냥 네가 보고 싶다는 말이야

당신을

문장

아픈 손가락

때 아닌 사랑

첫사랑은 그리움의 정의

발음도 비슷한 것들끼리

너를 사랑하는 일은 시가 되고

폭죽

바다를 보며

페이지

이제 너의 우울을 달래줄게

유서
우울에 잠식 당하며
달빛
서러움
내일이 오지 않기를
익사
감당하지 못할 우울
나를 버린 당신에게
사랑이란 이름으로
아침
새벽 빛
우울의 결말
비극적 사랑의 결말
치부
우울의 이유
검은 물 속에서

공허해

없는 마음을 준 죄

아프진 않는데 아픈 것 같아

잃은 마음, 죽어가는 나

어린 시절

과거의 내가 지금이 되기까지

시련

순애

미소 뒤에 숨겨진 눈물

괜찮지 않아도 돼

오늘도 고생 많았어

천천히, 너의 속도로

파도가 마음을 씻어줄 거야

계절은 우리를 바라보고

우리는 언제나 여름

햇살이 가장 오래 머무는 계절
우리의 시간은 언제나 여름이었다

푸르른 하늘 아래서 서로를 바라보며
뜨겁게 타오르던 그날의 숨결이
아직도 내 기억 속에 선명하다

무더위 속에서도 웃음은 식지 않았고
손끝에 닿은 너의 체온은
해가 진 뒤에도 나를 데웠다

우리가 걸었던 길 위에
낙엽 대신 꽃잎이 흩날렸던 그날들

어쩌면 여름은
너와 함께였기에 영원했을지도 모른다

지금은 계절이 몇 번이나 바뀌었지만
우리의 여름은 여전히 그 자리에 있다

어디로 가든, 누구와 있든
너와 함께했던 여름은
다시 찾아올 수 없는 영원의 온도를 품고 있다

그리고 나는 문득 생각한다
우리는 정말로 여름에 살았던 걸까

아니면, 우리가 함께했던 순간이
그 자체로 여름이었을까

여름에게

여름을 보내고 나서야
여름을 얼마나 애정했는지 깨달았다

꿉꿉하던 공기도, 뜨겁게 몰아치던 바람도
강하게 내리쬐던 열기조차도 그리워진다

뜨거워 피하기만 했던 오후의 시간도
어느 골목에 숨어 있던 매미의 소리도
이젠 나만의 풍경이 되어 마음에만 남았다

여름아, 여름아
불러봐도 대답 없는 그 이름
그럼에도 애타게 불러본다

내가 너를 이렇게 자주 부르는 건
아직도 너에게 하고 싶은 말이 남아서겠지
한 번쯤 다시 돌아와 줄 수는 없을까

그 여름의 순간 속에서
내가 너를 얼마나 사랑하고 있었는지
너는 알고 있었을까

다시 돌아오지 않을지도 모르는 계절
하지만 나는 끝없이 너를 기다릴 거야

기다리는 일이 사랑의 다른 이름이라면
나는 오늘도 조용히 널 그리워할게

그때 다시 만나자
나의 반짝이던 여름

여름밤

풀잎은 조용히 숨을 죽이고 있고
아기 새들은 잠에 들 준비를 하는
어느 여름밤

축축하게 젖은 흙 내음과
매미 소리가 공존하는
어느 여름밤

이 모든 게
여름에 피어나는 사랑을
아름답게 밝혀준단 걸 알아

여름밤이 사랑의 싹을 틔우기에
가장 적절한 시기인 걸 알아

그래서 오늘은 정다운 고백을 하려 해
마음을 담아 외치는 거야

'너를 좋아해'

네가 잠깐 머문 여름의 기억

언제부턴가 여름을 잊을 수 없다

봄을 그렇게 좋아하던 나였는데
여름을 이토록 그리워하고 있다

여름은 내게 특별한 계절이다
단순히 계절로 끝나는 게 아니다

너는 봄에 내게로 왔고
가을에 내게서 떠났다

그러니 네가 잠깐 머문, 여름
여름을 절대 잊을 수 없다

덕분에 나는 후덥지근하고
찝찝했던 여름의 기억에서 벗어나
초여름의 햇살을 만끽하고
바람을 마주하는 기억으로 남았다

너와 함께한 여름의 기억은 정말 찬란했다
햇살에 비쳐 반짝이던 윤슬은
그동안 보지 못했던 반짝임을 보여줬다

아무리 무더운 날이라도
우리가 함께 아이스크림을 하나씩 물면
그 더위조차도 사라졌다

너와 함께한 여름은
그 어느 때의 여름보다 따스했다

그렇게 너는 내게 따스함을 안겨주고 사라졌다
그러니 그 따스함을 간직한 채 살아갈 수밖에

너를 닮은 계절

너는 여름을 무척 좋아했다
산뜻하게 불어오는 바람과
푸르게 물든 나무들, 그리고
붉은 빛의 햇살까지도 사랑했다

여름이 지나가도
언젠가 다시 올 것임을 알기에
여름을 한없이 기다렸다

너는 겨울만 되면 그렇게 여름을 생각했다
온몸으로 붉은 빛 햇살을 만끽하고 싶어했다
앙상한 나무가 아닌, 푸른 나무를 보고 싶어했다
시린 바람이 아닌, 산뜻한 바람을 맞고 싶어했다

너는 여름의 아름다움을 생각하며
다가올 여름을 기다렸다

연아, 그거 알아?

너는 낭만적이게도 여름을 닮았어
네가 그렇게 사랑하던 여름을

지나간 여름을 그리며

곧 여름이 다가온다

여름은 사실 내가 좋아하는 계절은 아니다
꿉꿉하고 무더위 속 지치는 계절인 여름
강렬한 햇살이 하늘을 가득 채우고
그 햇살은 나를 향해 퍼붓는 계절
나는 여러모로 여름을 불편해했다

그러나 너를 만나고는 여름을 사랑하게 되었다

내가 좋아하는 네가 여름을 좋아하니
곧 여름의 정의가 너로 바뀌었으니까

그런 여름은 태양이 모든 걸 지배하는 계절이다
강렬한 햇살이 하늘을 가득 채우고
새파란 하늘과 짙푸른 나무들은
정말 한없이 무해하고 맑다

그렇게 너와 여름을 동의어라고 여길 때쯤
여름이 지나갔다
네가 지나갔다

그렇게 지나간 여름을 그리며
나는 너 또한 그려낸다

그리고 생각한다
계절이 돌고 돌아 다시 오는 것처럼
너 또한 돌고 돌아 다시 올 것이라고

여름이라서 좋았어

윤슬이 빛나던 여름 바다는
햇살이 쏟아져 내리고

모래사장 위엔
사람들이 바글바글

이 모든 게
여름이라서 좋았어
반짝 빛나던 여름이라서 좋았어

그랬던 그해 여름은
다시 돌아오지 않을 여름이었어

그래서 나는 잊지 못해
그 눈부신 계절을

혹시 너도 그래?

여름 속 낭만

여름 속 낭만은 그 어떤 말로도 표현할 수 없다
햇살, 바람, 파도, 그 모든 게 여름이었다

퍼붓는 햇살의 따스함과
흐르는 바람의 상쾌함
잔잔한 파도의 윤슬이
낭만적이라고 표현한 너를 기억한다

여름은 너에게 단순한 계절이 아닌 것 같다
여름은 너만의 이야기에 빠짐없이 들어간다

여름의 이야기는 곧 너였다
너만의 여름 이야기가 된 것이다

그리하여 너는 여름이고, 낭만이다

여름이 지나가더라도 여름이 남겨준 낭만으로
너는 다른 계절에도 여름을 그리며 살아갈 것이다
언젠가 그 여름이 다시 돌아올 때까지

무더위 속 사랑

뜨거운 아스팔트 위를 걷는 일조차
너와 함께하면 한 편의 영화 같았어

흘러내리는 땀 사이로
웃음이 꽃을 피우고
햇살 너머에는
눈부신 이야기가 있었어

달궈진 벤치에 나란히 앉아
나누던 우리의 사랑

무더위는 끝내 우리의 여름을
데우기 위해 온 듯했어

그래서였을까
그해 여름은
참 뜨겁고도
참 따뜻했어

떠나지 못한 여름

햇살은 어느새 너의 이름을 닮아 따뜻했고
투명한 하늘 아래 우리는 언제나 함께였다

그 여름엔 사랑도, 이별도 참 빠르게 익어 갔지만
그렇기에 지금도 여름이 오면 나는 너를 꺼내본다

조금은 뜨겁고
조금은 아픈 그 계절에 네가 있었다

그리고 나는 매해 같은 자리에서
그때의 우리를 다시 펼쳐보곤 한다

그러면 잊었다고 믿었던 순간들이
햇살에 기대어 다시 피어난다

참 이상하지
오래전 일이 여전히 나를 흔들고
가끔은 눈물 짓게 한다는 게

아마 너라는 계절은
시간이 지나도 내 마음 속에서
끝내 떠나지 못한 여름이었나 봐

여름의 정의

제가 감히 여름을 사랑했습니다
여름의 정의가 곧 당신이었으니까

오랫동안 여름을 그리워했습니다
오랜 시간 잊지 못해 아파했습니다

어찌해도 두고 오지 못하는 계절입니다
영원히 당신을 간직해야 하니까요

여름을 끌어안습니다
당신을 끌어안습니다

아마, 평생을 사랑할 계절일 겁니다
아마, 여름의 정의는 평생 바뀌지 않으니까

그러니까요,
평생 당신을 사랑할 거란 말입니다

여름, 그리고 사랑

여름에 마주한 첫사랑은 눈부시게 아름다웠다
파도가 일렁일 때 우리는 서로의 이름을 외쳤고
해가 저물 무렵에는 노을 앞에서 서로를 껴안았다

여름은 그렇게 사랑이라는 이름으로 남았다
애틋한 사랑, 그건 곧 여름이 되어갔다

생각해보면, 여름에 하는 사랑이 가장 아름다웠어
사실 그 여름에 네가 있었기에 아름다웠던 것 같아

너에게 전하는 말이 어디까지 닿을진 모르겠지만
여름, 그리고 사랑을 그리워하는 마음을 담아볼게

너를 떠올리면 아직도 내 마음에선 여름이 피어올라
너와 함께한 사랑이 내겐 여름의 정의가 되었어

나는 지금도 여름에 머물러 있는데 너도 그렇니?
아니면 이제 너는 사계절을 맞이하고 있니?

분명 너는 다 잊고 가을을 맞이했을 거야, 그렇지?
원망하진 않을게 다만 나는 여전히 여름을 간직할게
내게 가장 소중했던 계절과 사랑을 영원히 기억할게

여름, 그리고 사랑이었던 사람에게
진부하지만 사랑한다는 말을 전하고 싶어

여름이 내게로 오는 중

여름이 내게로 오는 중이래

나는 봄이 좋은데
여름이 다가온대

영원히 봄에 머물고 싶은데
이제는 여름으로 변할 거래

너를 처음 만난 봄이 가고
너와 함께했던 여름이 온대

그럼 좋아해야 하는 걸까?

계절이 지나감에 따라
너도 지나갔기에 두려운데
여름을 맞이할 준비를 해
봄을 떠나보낼 준비를 해

결국 봄이 가고 여름이 오겠지
추억은 있지만 너는 없는 계절이

너는 점점 여름이 되어갔다

여름을 좋아하다 못해 사랑했던
너는 그렇게 점점 여름을 닮아갔다

밝게 뜨는 햇살 같은 미소를 가졌고
푸르게 펼쳐진 하늘 같은 마음을 가졌다

말 한 마디, 한 마디에 청량함이 담겨 있었고
눈빛 하나, 하나에 초록빛 초원이 담겨 있었다

너는 그렇게 점점 여름이 되어갔다
여름을 사랑한 네가, 여름이 되었다

그 찬란한 계절이 두 개가 되었다
그러니 올해 여름은 무지 뜨겁겠지?

봄이 오면 만나줘요

겨울이 길었어요
찬바람이 불 때마다
당신의 온기를 떠올렸고
눈이 내릴 때마다
함께 걷던 길을 생각했어요

어느 순간부터
당신을 그리워하는 것이
하루의 일부가 되어버렸어요

하지만 봄이 오면 다시 만날 수 있을까요?

얼어붙은 시간 속에서도
우리가 잊지 않은 것들이 있다면
겨울을 견뎌낸 마음들이 있다면
그때는 다시 웃으며 마주할 수 있을까요?

꽃이 피고 바람이 따뜻해지면
나는 같은 자리에서 기다릴게요
그러니 봄이 오면 꼭 만나줘요

미완성

미완성인 봄을 좋아해요
꽃망울이 맺히다 만 채로
어느 계절에도 속하지 못한
어설픈 날들을 닮아서요

완벽하지 않아도 괜찮다고
겨울과 여름 사이에서
어느 방향으로든 피어나면 된다고
속삭이는 듯해서요

따스함과 차가움이 공존하는 시간
그 애매한 온기 속에서
나는 조금씩 나를 이해해요

그렇게 미완성인 채로라도
조금씩 피어나면 되는 거라고
봄이 내게 가르쳐 주니까요

벚꽃 만개설

올해는 유난히도 따뜻하네요
벚꽃도 예정보다 일찍 피어났어요

당신과 저의 마음도 그랬다면 좋았을 텐데요
아직 봄이 오지도 않았는데
저는 벌써 당신을 그리워하고 있으니까요

이렇게 미리 피어난 꽃들은
늦봄이 오기도 전에 져버린다고 하던데
우리의 사랑도 그럴까 봐
괜히 두려워지는 밤이네요

그래도 오늘은 벚꽃이 만개했다는 소식만 믿을래요
마치 우리의 사랑도 다시 피어날 것처럼

봄 한 스푼

햇살을 한 스푼 떠서
너의 창가에 살며시 올려두었어
아직은 서늘한 바람 사이로
따스한 온기가 스며들길 바라며

꽃향기 한 스푼을 떠서
너의 어깨 위에 살짝 얹어두었어
겨울 내내 무거웠던 마음이
조금은 가벼워지길 바라며

바람을 한 스푼 떠서
네가 걷는 길 위에 뿌려두었어
햇살과 어울리는 바람이
네 곁에서 부드럽게 머물길 바라며

이제 남은 건
네가 한 걸음 내딛는 일
천천히, 조심스레
봄이 너에게 닿을 수 있도록

피워내는 봄

이렇게라도 피울 수 있는 게 다행인 거겠지

혼자 그려내는 봄이었다
혼자 피워내는 잎이었다

내 벚꽃잎 사이엔 늘 네가 있었고
꽃잎의 향기는 너를 닮아 달콤했다

그 모든 계절이 스쳐 간 자리에서
이렇게라도 피울 수 있는 게 다행인 거겠지
비록 네가 없을지라도

나는 아직 너를 기억해
잊히지 않는 계절처럼
한번 피고 진 벚꽃처럼
다시 올 수는 없지만
다시 피어날 순 있으니까

그게 봄이라면
그게 사랑이라면
이렇게라도 살아내는 게
우리의 방식이었을 테니까

떠나지 말아줘, 나의 봄아

너와 함께한 순간이 늘 봄처럼 따뜻해서
나는 이제 널 봄이라고 부르기 시작했어

근데 네가 날 떠날 준비를 해
어디를 가려는 거야?
언제 돌아오는 거야?

아무도 답을 주진 않지만
나는 질문을 멈출 수 없어

따뜻한 봄이 무척이나 좋았는 걸
그해 봄에 네가 있어, 설렜는 걸

이제 너 없는 봄은 상상할 수도 없는데
너는 왜 자꾸만 떠나려고 하니

떠나지 말아줘, 나의 봄아
떠나지 말아줘, 여린 너야

우리 그럼 다음 해 봄에 다시 만나자

봄, 그리고 청춘

너와 나는 봄이었고
봄은 우리의 청춘이었다

푸를 청에, 봄 춘
새싹이 파랗게 돋아나는 봄철

푸르렀던 청춘은 그렇게 찰나 같으면서도
영원할 것만 같았던 시간이었다

그 시절 우리는
서툰 말보다 눈빛으로 마음을 건넸고
햇살 하나에도 웃음을 피워내곤 했다

벚꽃이 지고, 계절이 바뀌어도
봄은 여전히 내 안에 머물러
청춘이라는 이름으로
너라는 온기로
지금도 살아 숨 쉬고 있다

여름과 겨울 경계에서

너는 따뜻한 여름이었고
나는 차가운 겨울이었다

우리는 서로 만날 수 없음에도
여름과 겨울의 경계에 있었다

끝없이 이어지는 평행선 사이, 우리가 있었다
그렇게 그 경계에서 우리는 영원을 꿈꿨다

그러나 너와 나의 온도가 정반대였기 때문일까
약속한 영원은 쉽게 사라져버렸고

너의 따뜻함에 몸을 녹이고 있었던 나는
다시금 춥고 외로운 겨울을 맞이한다

네가 내 옆에 있었더라면 우리가 섞여
낭만적인 가을이 될 수 있었을 텐데

너는 여름을, 나는 겨울을

우리 겨울을 다시 기다리자
겨울에 우리는 항상 함께였잖아
그런 겨울을 다시 기다리자

우리 겨울을 미워하자
겨울에 우리는 여름을 그리워했잖아
그러니 여름을 기다리자

하지만 여름엔 네가 없잖아
다시 우리라는 말을 못 쓰잖아
난 네가 있는 겨울이 좋아

하지만 우리의 겨울은 너무 추웠잖아
더 이상 사랑하지 않았던 겨울이잖아
이제 우리 진짜 멀어지자

겨울을 기다리면 안 돼?

여름을 기다리자

계절은 아무 잘못 없었다

우리는 서로 멀어졌고
시간만 흐를 뿐이었다

계절은 그저 순리대로 흘러가는데
감정만 뒤처져 있었다

그렇게 우린 서로에게 이별을 고했다
슬퍼했고, 아파했고, 붙잡고 싶었다

그러나 계절이 흐르는 속도는 너무 급했다
우리가 쫓아가기엔 너무 빠른 속도였다
서로를 놓아줄 수밖에 없었던 이유였다

계절은 아무 잘못 없었다
우리도 아무 잘못 없었다

그저 시간이 흐른 것뿐이었고
마음이 식은 것뿐이었다

우리가 이별한 건 누구의 잘못도 아니었다

그 어느 때 보다 찬란했던 계절

다정한 말에 입꼬리가 올라가고
따뜻한 마음에 몸을 녹인다

그 계절에 네가 있어 설렜고
그 계절이 길어져서 기뻤다

나는 예쁘게 말하는 법을 몰라
그래도 내 진심을 담아보자면

보고 싶어
그 어느 때 보다 찬란했던 계절이 그리워
계절은 돌아오지만 너는 돌아오지 않잖아

그리운 건 어쩌면 그 계절이 아닌
너와 함께한 시간일지도 몰라

잘 지내
그 누구보다 행복했으면 좋겠어
너는 그럴 자격, 충분하잖아

이런 내 마음이 너에게 닿기를

사계절이 아픈 이유

가을에 너와 헤어지고 이젠 겨울이야
아니, 이제 겨울도 끝나가

너 없는 계절인 겨울을 맞이하고
다시 너를 처음 만난 봄이 오려 해

그런데 그 봄에 너는 없대
이게 무슨 말인지 너는 이해가 돼?
아, 난 안 되는데 어쩌지

너 없는 계절이 하루하루 지나고
봄, 여름, 가을, 겨울
모두 너 없이 보냈는데
너는 돌아오지 않아

그래서 사계절이 아프다

사랑과 이별의 경계에서

곧 만날 당신이 있으니까

어떤 말로 표현해야 할까요
어떤 표정으로 바라봐야 할까요

오랫동안 당신을 기다려 왔습니다
만날 날을 생각하며 버텨왔습니다

어떤 말을 속삭일까 무수히 생각했지만
그 오랜 시간이 무색하게도 잘 모르겠습니다

이 무거운 감정을 어찌 전해야 할까요
긴 시간 외로웠다는 말을 어찌 전해야 할까요

한 순간도 잊은 적 없다고 솔직하게 말해볼까요
너무나도 그리워했다고 솔직하게 말해볼까요

당신을 곧 만난다는 생각에 설레는 요즘입니다
당신에게 속삭일 말을 잔뜩 모아놓겠습니다

제가 온전히 바라왔던 그 순간
저는 당신과 어떤 얘기를 나눌까요

연서

당신께 애정의 편지를 보냅니다

혼자 그토록 사랑했던 당신을 여전히 애정합니다
아직 이토록 그리워하는 당신을 여전히 기억합니다

당신, 잘 지내고 계신가요?
이 편지가 닿을진 모르겠지만
진심을 꾹꾹 눌러 보내봅니다

여전히 당신을 애정합니다
어쩌면 함께였을 때보다 더요

여전히 당신을 기억합니다
어쩌면 그치지 않고 영원히요

언젠가 다시 만날 그날을 기다리며
오늘도 당신을 추억하고 있겠습니다

그러니 당신도 서둘러 달려와주세요
오랫동안 기다린 저를 달래주세요

꿈에 나온 당신

얼마 전 꿈에 당신이 나왔습니다
깊게 잠들지 못한 밤이었습니다

깨고, 깰 때마다 당신 꿈을 꿨습니다
당신은 여전히 차가웠고
저는 여전히 서툴렀지만
그럼에도 만날 수 있어, 좋았습니다

그런데, 왜 그렇게 무서운 표정을 짓나요
그 표정에 준비해 온 말을 잊어버렸습니다

쌓아왔던 말을 내뱉을 기회를
그렇게 허무하게 날렸습니다

그러니까 자주 꿈에 나와주세요
다시 만난다면 이젠 놓치지 않겠습니다

꿈에서조차 차가웠던, 그대여

글을 쓰는 마음

글을 쓰는 마음은 늘 즐거웠다
겨우 내가 너를 그릴 수 있다는 게 좋았다

글은 마음껏 너를 그려내고
너를 기억할 수 있는 하나의 수단이었다

그렇게 나는 가벼운 마음으로 글을 썼다

그런데, 이 마음은 언제까지 유지될까
평생 너만을 생각하며 글을 쓸 수 있을까

이런 고민 때문에 한층 무거워진 마음이었다

그러나 나는 오늘도 글을 쓴다
그 마음이 가볍든, 무겁든
나는 너를 기억해야만 하니까

글을 쓰는 마음이란, 결국 너니까

백일몽

저는 당신을 바라보고 있고
당신은 저를 바라보고 있습니다

제가 당신을 애정하는 만큼이나
당신도 저를 애정하고 있습니다

당신을 향한 제 눈빛이 따스한 만큼이나
저를 향한 당신의 눈빛이 따스해 보입니다

제가 당신에게 속삭인 말만큼이나
당신은 제게 달콤한 말을 해줍니다

당신을 오랫동안 기다린 만큼이나
끈질기게 행복한 꿈이었습니다

영영 꿈에서 깨어나고 싶지 않을 만큼

*백일몽: 대낮에 꿈을 꾼다는 뜻으로, 실현될 수 없는 헛된 공상을 이르는 말

널 놓을 수 없어

이미 멀어져 버린 우리지만
나는 도저히 널 놓을 수 없어

기억은 자꾸 너를 데려가고
시간은 자꾸 너를 바래지게 해

내가 붙잡고 있는 건
네가 아니라
그때의 우리일지도 모르겠지만

그 계절의 공기
너의 말투
눈을 맞추던 짧은 정적까지도
나를 살게 하니까

비워야 하는 줄 알면서도
자꾸만 너로 채워지는 마음을
어떻게 해야 할지 모르겠어

잊는 게 맞는 걸까
아니면 이렇게라도
계속 기억하는 게 사랑일까

그리움

그리움이 사라지기는 할까
이 마음이 무뎌지기는 할까

오랜 시간 사랑했던 너를 잃고
오랜 시간 너를 그리워하게 됐어

이 그리움이 점차 무거워져 나를 짓눌러
그럴 때면 나는 너를 생각하지

사랑하는 마음이 그리움으로 변한 건
결국 네가 사라졌기 때문이겠지
네가 내 곁에 없기 때문이겠지

여전히 너를 그리워해
그리움이란 잊히지 않는 마음인가 봐

너를 잊을 수가 없네

어쩌다 보니 그대를

진심으로 사랑했어요
어쩌다 보니 그대를

진심으로 그리워해요
어쩌다 보니 그대를

제 모든 진심을 담아 말합니다
여전히 그대를 사랑하고
여전히 그대를 그리워한다고

어쩌다 보니 만난 인연이지만
이제는 필연으로 바꿔보려 합니다

어쩌다 보니 그대가 저를 떠나셨다면
이제는 그대를 찾아 떠나보려 합니다

무수히 많은 시간을 그리워하며 보낸 만큼
온 힘을 다해 그대에게 닿아보려고 합니다

사랑하고 미워하다

사랑이란
너를 품에 안으며
스스로를 잃는 일

미움이란
너를 떠나보내며
내 안에 남는 일

사랑은 따스했으나
끝은 차가웠고
미움은 서늘했으나
끝내 뜨거웠다

너를 사랑했던 만큼
너를 미워하며
너를 미워했던 만큼
너를 사랑했다

그리하여 너는 내게
끝도 없는 사랑이고
끝도 없는 미움이다

애증

너를 정말 사랑했다
사랑한 만큼 미움도 컸다

이 감정이 정리되지 않았다

사랑이라 불렀던 것이
이제는 상처가 되었다

붙잡고 싶은데
놓아야 하는 밤이다

미워할 수도
온전히 사랑할 수도 없는
이 모순된 마음이
오늘도 나를 잠식시킨다

애증이다

너에게 줄래

가장 예쁜 말을 엮어서 너에게 줄래
달도 따고 별도 따서 너에게 줄래

너는 내 오랜 첫사랑이니까
너는 내 오랜 그리움이니까

여전히 너는 애달픈 약속 같아서
여전히 너는 애달픈 염원 같아서

가장 고운 꽃들을 모아서 너에게 줄래
바람을 타고 햇살을 타서 너에게 줄래

너는 내 영원한 설렘이니까
너는 내 영원한 봄날이니까

아직도 너는 지워지지 않는 첫사랑이라서
아직도 너는 지나치지 못한 그리움이라서

너에게 나의 모든 것을 줄래
너는 나의 모든 것을 받아줄래?

너에게 전하는 편지

네 이름 세 글자가 예뻐서
웃으며 편지에 이름을 적는다

너라는 사람 그 자체가 좋아서
웃으며 편지를 쓰기 시작한다

우리가 함께였을 때를 적어 볼까
네가 웃으며 있었던 때를 그려 볼까
끝내 행복이란 걸 찾은 너를 써 볼까
어쨌든 나에게 모든 것은 너로 통했다

이제야 조심스럽게 말해본다

네가 너무 좋다고
너를 진심으로 사랑한다고
네가 웃는 모습이 너무 예쁘다고
네가 매일매일 행복하기만 바란다고
이제 우리 떨어지지 말고 늘 함께하자고

말하지 못한 말들

아직 너에게 하고 싶은 말이 많아

연아, 잘 지내?
웃으며 보내주고 싶었는데
그러지 못해 미안해

좋은 기억만 남기고 싶었는데
상처만 준 것 같아 미안해

너를 사랑한다는 말은 진심이었는데
그 진심을 닿지 못하게 해서 미안해

너에게 미안함뿐인 나를 용서해줘

말하지 못한 말들은
결국 끝없는 사과였나 봐

내 사과를 받아줄래?

비에 젖은 편지

내가 너에게 쓰던 편지 위로
빗방울이 먼저 도착했다

아마 하고 싶었던 말이
너무 많아서겠지

잉크는 번지고
글자들은 흐려지고
이름 하나 적지 못한 채
종이는 점점 무너졌다

비가 다 마를 때쯤
편지엔 아무것도 남지 않았는데

이상하다,
나는 아직도
너에게 하지 못한 말들이
이토록 선명해

젖은 편지를 쥔 손끝이
이렇게 떨리는 건

미련이 남아서일까
그리움이 흘러서일까

비는 그쳤지만
나는 여전히 너에게 머물러 있어

비밀 이야기의 주인공

어쩌면 비밀 아닌 비밀은 오래전부터 이어졌다고

내가 널 좋아한다는 사실을 모르는 사람이 없어
내가 널 좋아했다는 사실을 모르는 사람이 없어

그런데 이 비밀의 주인공인 너는 어디 갔어?
아무리 찾아도 네가 보이지 않아

지금부터 들려주는 이 이야기는 네가 주인공이라고

무더위에 조금은 지치는 계절 사랑에 빠진 이야기
지금도 어디선가 와전되고 있을 비밀의 이야기

한 소녀가 있었고 그 소녀가 사랑한 소녀가 있었다
사랑에 푹 빠졌을 때 한 소녀는 떠났고
남은 소녀의 비극적인 이야기가 시작되었다
그 소녀는 사랑했던 소녀를 찾아 헤맸지만
결국 그 소녀를 찾을 순 없었다

어때?
이 이야기의 주인공이 너 같아?
아니면 나 같아? 이건 둘만 아는 비밀이야
이 이야기의 주인공은 너와 나야

후회가 없도록 사랑할 걸

우리가 함께했던 계절로 돌아가 볼까요?
저는 당신을 애정 어린 눈빛으로 바라봐요
그 계절 속 당신은 어딜 보고 있는 건가요?

돌아보는 사랑에 후회가 없다면
지금쯤 이토록 아파하진 않았을 텐데요

눈을 피하지 말고 제 마음을 전할걸
도망 다니는 것이 아닌, 바라볼 걸
침묵 대신 예쁜 말을 건네줄 걸
더 애틋하게 사랑할 걸

후회가 많은 지난 계절이었습니다
이제야 저는 애틋한 사랑을 하네요
당신 없이 혼자서 외로운 사랑을 하네요

돌아보는 사랑에 후회가 없도록 할 걸

건조한 사랑

물기 마른 언어를 주고 받고
온도 없는 마음을 주고 받고

"우리 건조한 사랑을 하자"
이 말의 의미를 알지 못해서
사랑이 아닌 사랑에 애달팠다

우리가 한 사랑은 건조한 사랑이었다
어쩌면 사랑이라 부를 수도 없는 사랑

너는 뜨거웠고
나는 식어갔다
우리는 서로를 태우지도
서로를 적시지도 못했다

사랑이라 부르기엔
너무 메말라 있었기에
갈라지는 틈만 느껴질 뿐이었고

다 건조해진 지금 그저 먼지처럼
흩어지는 중인 우리의 사랑은
건조한 사랑

핑계

바라보는 것만으론 부족했던 사람
끝내 어루만져야 만족했던 사람

너무 좋아해서 그랬다
너무 사랑해서 그랬다
핑계 같지만 핑계 아닌 말을 넌 알까

깨져버린 믿음도
서툴렀던 마음 표현도
어리석음에 끝이 없던 착각도
내가 했던 그 모든 사랑까지도

모든 네가 애틋해서 그랬다는 말
그 말을 너는 믿을 수 있을까

나는 과오로 남은 사랑에 끝없이 아파한다
후회 가득한 지난 날들에 끝없이 아파한다

넌 왜 이런 나를 몰라주니
어떻게 한 번을 안 나타나주니

나와 넌 과거로 둘 때 가장 아픈 사랑이다

나의 숙명

함께라는 이름에 걸맞는 너랑 나였어
우리라는 이름에 걸맞는 너랑 나였어

서로의 눈을 바라볼 때면 우주를 보는 듯했고
서로의 입맞춤 한 번에 배시시 웃는 우리였어

언제든 사랑이 고플 때면 찾아오라는 네 말이
떠나보낸 이제서야 왜 애달프게 생각나는지

너의 눈빛을 바라보고 싶은 오늘이야
너의 사랑을 갈망하고 있는 오늘이야

연아, 우리는 결국 새드엔딩을 맞이했구나
이럴 줄 알면서도 사랑하지 않을 수 없었어

단지 그냥 네가 너라서 사랑했던 거야
별다른 의미 없이 너라는 이유로 사랑했던 거야

한 계절이 지나가고 나서야 알았어
나는 너를 평생 잊을 수 없겠다고

계절이 바뀌었는데 잊히지 않는 너를
시간이 지난다고 해서 잊을 수 있겠어?

아마, 난 평생을 널 품으며 살겠지
이건 나의 숙명이자 정해진 운명이야

내 열일곱을 너로 물들이고

열일곱에 한 발짝 더 가까워진 순간
나는 너를 만났다

너의 따뜻하고도 차가운 모습은
너무나 모순적이어서
나는 남들이 이해 못하는 모순을
사랑했기에 너 또한 사랑했다

너에게 쉽사리 스며들고
내 열일곱은 너로 물들었다

처음 맞이하는 내 열일곱, 내 청춘
모든 게 너로 물들었어, 연아

내 글은 서툴고 아파서

너를 담아내는 글을 쓴다
오로지 네 생각만 하며 글을 쓴다

그래서,
내 글은 서툴고 아파서,
가끔 눈물을 글썽이곤 한다

나는 화려한 미사여구를 쓰는 법을 모른다
하지만 너라는 이름 자체만으로도 빛나기에
네가 담긴 글이 어쩌면 빛날지도 모르겠다

서툴다
예쁜 말을 건네는 법을 모르고
완성된 문장을 쓰는 법을 모른다

아프다
함께하지 못하는 너이고
때문에 볼 수 없어 외롭다

서툴고 아픈 글들이
언젠간 너에게 전해지기를

다정한 사랑

말에 온기가 담겨 있던 너였다
한없이 다정했고, 따뜻했다

사랑을 머금은 날들이
다정해서 아팠다

언젠가 놓아줘야 함을 알기에
사랑할 때조차도 아팠다

사람이,
사랑이,
이토록 아플 줄 몰랐다

다정했지만, 아팠던 우리의 사랑은
그래도 함께일 때 가장 빛났는데
우리가 서로의 곁에 없다면 어쩌지

다정한 사랑이

우습게도

나를 이렇게나 아프게 한다

이별의 과정

웃을 일만 있으면 좋겠어
슬퍼하기엔 너무 짧은 시간이잖아

믿지도 않는 신에게 빌었다
"부디 마음껏 사랑하게 해주세요"

신을 믿지 않았던 탓일까
우리에게 시련은 자꾸만 찾아왔고
나는 버티려 했지만 너는 그러지 못했다

끝내 우리는 함께했던 시간을 뒤로 한 채
서투른 이별을 겪었고 아픔을 느꼈다

그렇게 사랑했는데 어떻게 안 아플 수 있겠어
그렇게 울면서 보냈는데 어떻게 괜찮을 수 있겠어

그런데 있잖아, 이건 우리의 필연이었을까?
어쩔 수 없는 이별이자, 반드시 올 이별이었을까?

듣지 못하는 답을 그렇게 갈망했다
누가 좀 답을 내달라며 울부짖었다

함께여서 가장 행복했던 우린
각자의 방식으로 이별을 겪는 중이었다

아직 너에게 못다 한 말

잘 지내냐고 묻고 싶어지는 밤이야
반문이 온다면 나는 사실 잘 못 지내

그때 나한테 왜 그랬어 싶다가도
추억 하나에 원망을 흘려 보내

원망은 미련을 낳고 미련은 추억을 낳아
그 추억이 날 감쌀 때면 원망은 사라지지

있잖아, 아직 내가 널 좋아한다고 말하면
너는 또 미안하다고 하겠지?

그러니까 아무 말도 못 한 거야
그러니까 이별을 받아들인 거야

이별을 그렇게 쉽게 받아들여서 이토록 아픈 걸까

시간이 지나면 괜찮아질 줄 알았는데
시간이 지나면 잊을 수 있을 줄 알았는데
어째서일까 오히려 네가 더 또렷해지는 듯해

그러나 이미 내가 모르는 계절을 살아가고 있는
너는 이미 나와 함께한 추억을 다 잊어 버렸는 걸

그래도 내가 널 얼마나 사랑했는지
또, 내가 널 얼마나 그리워하는지
조금은 전해졌으면 좋겠어

나의 진심이자, 못다 한 말은 이게 다야
이 말을 끝으로 널 보내주려고 해

안녕, 내 사랑

그냥 네가 보고 싶다는 말이야

네가 아직 보고 싶다는 말이야

잊으려 할수록 왜 그리움은 깊어지는 건지
잊는다는 게 뭔지 잘 모를 때가 있었어
영원히 너를 잊지 않을 거라 한 적이 있었어

잊는다는 건 너를 기억 속에서 없애는 게 아니라
그냥 무뎌지는 거더라고
감정도, 추억도, 사랑까지도

너를 사랑하지 않는다는 말이 아니야
그냥 좀 너 없이 웃기도 한다는 뜻이야

이렇게 나는 널 점점 잊어가는 걸까 두려워져

연아, 잘 지내? 어떻게 지내고 있어?
여전히 답장 없는 물음만이 맴돌아

너는 내가 너를 잊기를 바랄까?
왠지 그럴 것 같아서 서글퍼져

사랑한다는 건 매 순간 뜨겁고 찬란한 게 아니라
그냥 없어도 생각나는 거더라고
목소리도, 얼굴도, 시간까지도

너를 잊어간다는 말이 아닌
그냥 네가 보고 싶다는 말이야

당신을

함께했던 추억을 기억하시나요?
저는 여전히 당신을 기억합니다

지난 날들을 그리워하며
저는 여전히 당신을 기다립니다

당신이 내게 준 사랑을 기억하며
저는 여전히 당신을 사랑합니다

'언젠가 한 번은 볼 수도 있겠지'

못 볼 걸 알면서도
볼 수 있다고 생각하는 게 편해졌어요

당신이 제 주변에 있었다는 걸 들었습니다
누군가를 만나기도 했었다는 걸 들었습니다

그 누군가가 제가 아니었기에
또다시 눈물을 쏟아냈습니다

그래도 믿습니다
당신이 돌아올 거라고요

그래서 기다립니다
당신을 만날 거니까요

그때까지 당신이 준 기억의 힘으로
힘껏 살아나겠습니다

문장

오래전부터 품어왔던 문장이 있어
달달하지만 때로는 쓰리기도 한
뱉고 싶지만 뱉을 수 없던 문장

이제야 나는 그 문장을 뱉을 수 있을 것 같아
봐 봐, 여기 너와 내가 함께잖아

그 문장이 뭐냐고?
정말 뭔지 몰라서 물어?

그 문장은
…

들었어?
맞아, 내가 오랫동안 품어온 문장이자
오직 너만을 위해 준비한 문장이야

문학을 좋아하는 너에게
비록 화려한 미사여구는 아니지만
내 진심을 눌러 담은 문장을 건넬게

그러니까, 너를 사랑하고 있다는 말이야
그 문장은 너를 사랑하고 있다는 말이야

연아, 너를 사랑하고 있어

아픈 손가락

당신에게 저는 아픈 손가락이었을까요
제가 온전치 못했다는 것을 압니다

좋아했고, 애정했고, 사랑했습니다
이 마음이 무거울 거라곤 생각하지 못했어요

그래서 불안정했고, 불완전했습니다
당신에게도 그대로 보였을까 두렵습니다

그런 제가 안쓰러웠나요
뒤에서 저를 챙겨주셨다는 걸 압니다

고마웠고, 미안했고, 동경했습니다
이토록 아플 거라곤 생각하지 못했어요

그래서 애달팠고, 서러웠습니다
당신도 그대로 느꼈을까 두렵습니다

저는 당신을 잊지 않습니다
부디 서툰 시간들을 넣어두세요

제가 웃던 모습만 기억하셨으면 합니다
그래야 당신이 제 걱정을 덜 할 테니까요

사랑했던 당신께
온전한 마음을 보냅니다

때 아닌 사랑

서투른 시기에 만난 사랑이
이렇게나 아플 줄 알았다면
너를 사랑하지 않았을 텐데

봄이라서 좋았어
시작이 너라서 기뻤어
너라는 사랑을 만나 애틋했어

그러나 이 마음이 이토록 오래갈 줄 몰랐어
알았다면 난 두려운 마음에 널 피해 도망갔을 거야
사실 알아도 널 사랑할 수밖에 없는 운명인 거야

때 아닌 사랑을 만난 시절

너는 내게
가장 예뻤던 순간이었고
가장 아팠던 이름이었어

그래서 지금도
누군가 사랑을 묻는다면
너의 이름으로 답을 건넬 거야

때 아닌 사랑이었지만
서툴렀고, 진심이었던
그 사랑이 오래도록 나를 살게 할 거야

하지만 결국 봄은 지나가고
너도 나도 각자의 여름을 살고 있겠지

첫사랑은 그리움의 정의

갑작스럽게 마주하게 된 너는
곧 내게 첫사랑으로 다가왔어

그리고 쉽게 떠나버린 너는
곧 내게 그리움으로 다가왔지

아마 너는
처음이라서 더 오래 남은 사람이고
그래서 마지막처럼 아픈 사랑일지도 몰라

있잖아, 그리움이라는 말이
꼭 너 같아
너와 닮았다는 말이야

한 번 불러보면
끝내 지워지지 않는 그런 이름
아마 이게 그리움의 정의인가 봐

그렇게 첫사랑인 너는
내 그리움의 정의가 되었어

발음도 비슷한 것들끼리

사람, 사랑
발음도 비슷한 것들끼리
나를 사무치게 아프게 한다

사람을 잊을 때
얼마나 많은 추억을 보내야 할까

사랑을 잃을 때
얼마나 많은 마음이 무너질까

나는 너로 인해
사람도 잊고
사랑도 잃었다

발음도 비슷한 것들끼리
한순간에 나를 떠났다

네가 사라지고 한참 뒤인 오늘
나는 너와의 추억을 흘려 보내
그리고 많은 마음이 무너지겠지

내뱉는 순간 사라져 버리는
그 어떤 단어들을
이제는 기억하지 말아야 하는데
어째서일까 계속 머릿속을 맴돌아

자꾸만 잊어버린 사람과
잃어버린 사랑이 떠올라

아직도 피어오르는 마음인가 봐

너를 사랑하는 일은 시가 되고

너를 사랑하는 일은
참 오래도록 내 안에 남아
시가 되었다

기억에만 남아있는 너는
조금은 아프고
조금은 애달픈 문장들로 채워졌다

너를 사랑하는 날들은
하루하루가 시의 행간 같았다

너와 나눈 말보다
하지 못한 말들이
더 많았다는 걸 넌 알까

결국 그 말들은 시가 되었고
그 시가 가슴 한구석에서 여전히 피어오른다

너를 그리워하는 지금 이 순간도
나는 여전히 너를 사랑하는 시를 쓰고 있다

그리고 그 시는
서툴고
애달프지만
너를 담아내고 있다

폭죽

폭죽이 '펑'하고 터졌다
우리의 미소도 '펑'하고 터졌다

폭죽은 어두웠던 밤하늘을
뜨겁게 달궜고
예쁘게 빛냈다

어떤 이는 그걸 보고
누군가를 그리워하겠지

어떤 이는 그걸 보고
무언가를 떠올리겠지

우리는 그걸 보며
사랑을 피워냈다

바다를 보며

당신이 바다를 볼 때의 눈빛을
나는 아직도 잊을 수가 없네요

초롱초롱 빛나던 당신의 눈빛을 기억해요
아름답게 보이던 우리의 바다를 기억해요

우리가 함께이기에 당신의 눈빛은 더 빛났었고
우리가 함께이기에 우리의 바다는 더 예뻤어요

혹시 그거 아시나요
당신이 바다를 볼 때
저는 당신을 봤단 걸

바다를 보며 당신이 외치네요
우리의 사랑이 영원하길 바라

페이지

나의 한 페이지에 남은 사람아
우리가 더 이상은 같은 페이지로
남을 수는 없겠지만 말이야
그래도 너에게 전하고 싶은 말이 있어

청춘이라는 페이지를 가득히 채워줘서,
낭만이라는 페이지를 가득히 채워줘서,
사랑이라는 페이지를 가득히 채워줘서,

덕분에 나의 페이지는 찬란했다고
진심을 담아 네게 고마움을 전할게

그러나 이젠 너와 나는 남이 되어
서로 다른 페이지를 채워가는 거야

이제 너의 우울을 달래줄게

유서

마음 깊은 곳에는 상처가 쌓여 있고
마를 리 없는 휴지는 눈물로 적셔있다

책상 위엔 종이 한 장과, 연필 한 자루
어딘가 텅 빈 책상은 꼭 나를 보는 것만 같았다

적막한 방 한 켠에선 내 숨소리만 흐르고
고요한 이 방에서 들을 수 있는 건
누군가의 외침과 울부짖음 뿐

나는 조용히 연필을 들고
하나 둘 써내려 간다

사랑하는 가족에게,
둘도 없는 친구에게,
그리고 마지막으로 나에게

하고 싶었던 말을 빼곡히 담은
종이 한 장이 완성되었지만
이내 구겨 버렸다

다시 나는 조용히 연필을 들고
하나 둘 써내려 간다

반 정도 쓰고 나서는 다시금 구기고
결국 한 마디만 덜렁 적었다

"살고 싶었어요"

우울에 잠식 당하며

아, 정말 아무것도 할 수 없을 것 같이 느껴져요
모든 게 다 내 탓이에요
내가 잘못했고, 내가 서툴러서 그래요

이 밤에 나는 떠날 거라고 말해요
어디든 좋아요

우리 함께 푸르른 바다로 갈까요
우리 함께 저 넓은 하늘로 갈까요

여행이라도 다녀오고 싶어요
아주 긴 여행 말이에요

이젠 다 끝인가 봐요
아무도 날 봐주지 않아요

이젠 진짜 갈 때가 된 건가 봐요
안녕히 계세요

달빛

옥상 위로 올라가고 싶은 밤이었다
상쾌한 공기를 마시고 싶었는지
위험한 옥상으로 올라갔다

언제든 뛰어내릴 수 있을 것 같은 마음에
조금씩 무서워지기 시작했지만

그 순간 어두운 밤에
쨍한 달이 떠올랐다

노랗게 비추는 달빛이
너무나 예뻐, 하루의 고된 기억들이 사라지고
달빛의 아름다움만 보이는 시간이었다

달빛으로 인해 정리된 생각을 안고
다시금 옥상에서 내려왔다

'그래, 저기 저 달처럼 밝게 살아야지'

서러움

서러움에 못 이겨,
한참 동안 눈물을 쏟아냈다

뭐가 그리 서러웠는지
눈물이 그치지 않았다

아픈 기억이 다가오는 순간
또다시 밤이었다

왜 그렇게 밤만 되면 서러움이 깊어지는지
이기지 못할 만큼의 서러움은 왜 계속 오는지
알 수 없는 밤이었다

그래도 이 밤이 지나가면
나의 서러움도 지나가겠지

내일이 오지 않기를

더 이상 살고 싶지 않아요
나를 가만히 지켜봐 주세요

끝이 안 보이는 어둠 속으로 들어갈래요
다신 나올 수 없는 깊은 곳으로 들어갈래요

내일이 오지 않기를 바랄게요
그대로 눈을 감기를 바랄게요
그 눈이 안 떠지기를 바랄게요

공허한 제 눈이 보이십니까?

이젠 정말 다 끝인 것 같아요
삶에 대한 미련조차 사라졌습니다

떠날 때인가 봐요
공허를 남기고 떠날게요

익사

푸르른 바다를 보러 갔다
무척이나 충동적이었다

드넓게 펼쳐진 바다를 보고
참 아름답다고 생각했다

윤슬에 반짝거리는 파도가
파도에 휩쓸리는 모래가
모두 아름답게 보였다

순간 나는 생각했다
나도 저기 저 파도에 휩쓸리고 싶다고
윤슬이 되어 바다를 반짝거리게 하고 싶다고

바다와 한 몸이 되고 싶었다
바다에 익사 당하고 싶었다

감당하지 못할 우울

차오르는 눈물과
초점이 나간 채 뜨고 있는 눈

이 모든 게 너무 우울한 나라서
나조차도 이 우울을 감당하지 못해서
깊은 곳으로 곤두박질치곤 했다

약을 주섬주섬 꺼내 먹어도
여전히 우울감은 가시지 않고

한숨 푹 자보려 했지만
오늘도 뜬 눈으로 밤을 지새운다

아아, 이 우울감을 어쩌면 좋을까요
내 우울을 내가 감당하지 못하겠어요

모든 우울이 다 내게로 온 듯하네요

나를 버린 당신에게

당신은 왜 나를 놓았나요
놓아지지 않겠다고 한 저인데
완강하게 저를 밀어내는 당신을 보고
아, 이제 진짜 놓아줘야겠다 생각했어요

저는 이제 제 편을 찾아 떠납니다
주는 사랑만 했던 제가
받는 사랑도 찾아 보려구요

기억해줘요
버려진 건 당신이 아닌 저였다는 걸
저는 끝까지 당신을 잡으려 했다는 걸
누가 뭐라 해도 당신께 진심이었다는 걸

당신이 저를 놓고

저는 많이 아팠습니다

몸도, 마음도 망가졌어요

그러나 이젠 당신 없이도 행복해지려 합니다

그러니 당신도 잘 지내세요

사랑이란 이름으로

우리의 사랑은 너무 아팠다
지칠 대로 지친 너와
우울에 빠진 나

함께였을 때 서로가 괴로워했다
그러나 우린 이조차 사랑으로 넘겼다

세상에 이렇게 아픈 사랑이 어딨을까
왜 우리는 이런 사랑을 길게 끌었을까

만나도 예쁜 말이 나오지 않았고
만나도 웃는 일이 많지 않았다

우리의 사랑이 상처뿐인 걸 알았을 때
이미 너무 늦어버렸다

우리에게 생긴 흉터는 지울 수 없으니까

아침

아침이 오지 않았으면 좋겠다고 생각한 건
어느 계절부터였는지

알림이 울리지 않아도 새벽 네 시면 눈이 떠지고
깊게 자는 법은 잊은 지 오래다

몸을 일으키려다 말고 이내 누워버리고
천장엔 아무 것도 없는데
나는 자꾸만 무언가를 올려다 본다

어제 먹다 남긴 컵라면은 식어있고
책상 위엔 개봉되지 않은 약 봉지가
먼지를 뒤집어 쓴 채로 떨어져 있다

휴대폰은 진작에 꺼두었다
누가 나를 찾을까 봐 무서웠고
누구도 나를 찾지 않을까 봐 무서웠다

서울을 보면 낯선 얼굴이 보인다
어디서부터 틀어진 건지
아무리 돌이켜도 시작점을 찾을 수 없다

살고 싶어서 견딘 건지
죽을 용기가 없어서 버틴 건지
이제는 나조차도 모르겠다

불 꺼진 방안
창문 틈으로 새어 들어오는 가로등 불빛이
어두운 이곳을 밝히고

손목 위엔 오래된 흔적들이 겹겹이 쌓여 있다
마치 말하지 못한 날들의 무게처럼

바닥엔 흩어진 휴지와
말라붙은 눈물 자국

방안은 말이 없고
나는 그 침묵에 묻혀 있었다
어쩌면 영원히

새벽 빛

어느 날 창 틈새로 들어오는 새벽 빛이
내가 오랜 시간 갖고 있던 우울을 삼켜내서
끝내 내가 머물렀던 시간을 후회하게 한다

그 알량한 새벽 빛이 내 슬픔을 다 먹어버리고
이제 슬플 일도 없을 거라 생각했을 때
조용히 사라진 새벽 빛이 원망스럽기만 한데

내 우울을 만든 너는 어디 갔어?
내 슬픔을 만든 너는 어디 갔어?

나는 이제 너를 원망해야 할지
새벽 빛을 원망해야 할지 모르겠어

우울의 결말

애써 흐르는 눈물을 닦고
일어나보면 텅 빈 공간만이 나를 반기고
퀴퀴한 냄새만이 방 안을 가득 채운다

얼마쯤 흐른 걸까
날짜를 본 지 오래고
햇빛을 본 지 오래다

내가 보고 있는 것은 오로지 공허뿐
그 무엇도 남아있지 않고
그 쓸쓸한 곳에서 한 발짝
걸어 나왔으나 그 앞에 있는 커다란 우울
다시금 그 우울을 마주하게 된다

살려주세요, 살려주세요 하던 순간들은 어디 가고
우울이 덮치기를 기다리는 나는 조용히 눈을 감고

마지막으로 책상에 놓인 너의 사진을 눈에 담으며
내 우울의 결말은 결국 너구나

비극적 사랑의 결말

구원일까
타락일까

너는 내게 구원처럼 다가와
타락을 남기고선 떠나갔다

그런 널,
내가 어떻게 잊니

잊지 못해 아프고
죽지 못해 힘들다

잊을까
죽을까

이건 우리 사랑의 결말이야
이건 비극적 사랑의 결말이야

내 눈을 봐
텅 비어 있잖아
공허만 남았잖아

이건 우리의 마지막 이야기자
너의 치부가 될 이야기야

똑똑히 봐

치부

와달라는 말에 달려갔다는 이야기
달려갔으나 끝내 버려졌다는 이야기

누가 만들어 낸 이야기일까
언제 만들어진 이야기일까

이 이야기의 주인공이 누군지 알아?
다름 아닌 너와 나야

이건 우리의 이야기이자
나의 아픔이고
너의 치부야

그러니 기억해
이 애처로운 이야기의 주인공이
너와 나라는 사실을

그럼 조용히 묻어둘 테니

우울의 이유

미처 마르지 못한 눈물이 뚝뚝

한참을 멍하니 누워있다 일어서면
머리가 핑, 어지러워 주저 앉고

결국 내 모든 길은 엉망이 되어버린 걸까
어떻게 해서든지 나를 끌어내리고 싶은 걸까
-
한때 전부였던 사람이 있다
온 마음을 다해 사랑했었다

그러나 그는 나를 두고 떠났다
영영 돌아오지 않을 곳으로

-

연아, 그러니 내가 지금 이 모양인 거야
볼품 없어진 내 모습이 보여?
그 생기 있던 나는 사라졌어

뼈저리게 곳곳이 아파
눈물은 마를 날이 없고
쓰라린 흉터는 사라지지 않아

연아, 그러니 나는 너를 찾을 수밖에 없는 거야
내게 다시 돌아와주면 안 될까?
너를 이토록 그리워하고 있잖아

검은 물 속에서

어둠은 소리 없이 밀려와
내 방 구석구석을 채웠다

빛은 들어올 틈조차 없이
나를 천천히 잠기게 했다

눈을 감으면
더 선명해지는 것들이 있다

잊고 싶었던 말들
지우려 했던 얼굴

누군가 내 이름을 불러준다면
잠깐이라도 숨 쉴 수 있을까
그렇지 않다면
이 물은 나를 끝까지 데려갈 거야

어쩌면 나는
살고 싶다는 말조차
이젠 꺼내기 두려운 사람이 되어버렸어

그래도 혹시 누군가 내 손을 잡아줄까 봐
나는 오늘도 조용히 기다려

공허해

이 텅 빈 마음은 공허의 일부
이 울결한 마음은 우울의 일부

나는 여기 있지만 여기 있지 않아
나는 살아 있지만 살아 있지 않아

모든 건 공허 때문이야
모든 건 우울 때문이야
그러니까 모든 건 너 때문이야

네가 날 떠났잖아
네가 날 죽였잖아

숨 쉬기가 버거워
눈 앞이 흐릿해져
목이 꽉 막힌 듯해

네가 내 웃음을 다 가로챘잖아
네가 내 행복을 다 가로챘잖아

없는 마음을 준 죄

있지도 않은 마음을
애써 끌어모아 네게 줬다

그때부터였다
내가 망가지기 시작한 건

너를 볼 때마다 알 수 없는 감정에,
끝없이 차오르는 감정에 치였고

결국 더 이상 네 앞에서 웃을 수가 없어졌다

없는 마음을 준 죄였다
여유 없는 마음을 준 죄였다

아프진 않는데 아픈 것 같아

아픈지도 모르고 살았다
다쳤는지도 모르고 살았다

어느 순간 뒤를 돌아보니
상처투성이가 된 내가 있었다

아프진 않는데 아픈 것 같아
괜찮다 생각했는데 안 괜찮은 것 같아

갑자기 몰려오는 통증에
진통제를 찾는 날이었다

구석에 박혀 있던 진통제가 어디로 간 건지
한참을 찾다가 걸려온 네 전화에
아픔이 싹 가셨다

너는 나만의 진통제인가 봐

잃은 마음, 죽어가는 나

사랑한다는 감정이 기억나지 않는다
슬퍼야 하는데 슬프지 않는다
웃어야 하는데 웃지를 못한다

마음을 잃었다
감정을 잊었다

이내 나는 죽음을 맞이하는 중이다

무언가를 잃은 채 살아가는 건
죽어가는 것과도 비슷하니까

어린 시절

한 때 이 세상을 다 가질 거라고
꼭꼭 씹어 삼킬 거라고 생각한 적이 있다

아무것도 모르는 어린 시절
힘차게 피어오른 생각이다

철부진 어린 시절
마냥 웃기만 했던
그날들을 떠올리며
한없이 우울해진다

세상을 다 갖겠다고 한 나인데
나는 어째서 이러고 있는가

그 시절이 그립지 않다면
그건 거짓말이겠다

과거의 내가 지금이 되기까지

상처가 많던 아이였습니다
누구보다 여린 아이였습니다
쉽게 사람들과 어울리지 못했습니다

혼자 있는 게 익숙해질 때
저는 비로소 어른이 됐다고 생각했습니다

어리석은 생각이었습니다
모든 걸 이제 혼자 해야 했고
모든 걸 이제 감당해야 했습니다

저는 끝내 어른이 될 수 없다고 생각했습니다
숨어 있다, 나오는 달처럼
저도 밝게 빛나는 사람이 되고 싶었습니다
혹시나 저도 숨겨진 빛이 있을까 생각했습니다

그 빛을 찾아 꺼내준 건 당신이었습니다
너무나 어두운 탓에 겁 먹고 있던 저를
당신이 꺼내줬어요

당신 덕분에 저를 사랑하는 법을 배웠고
당신 덕분에 빛을 찾을 수 있었습니다

이젠 제 곁에 없지만
저를 믿어준 당신을 믿으니
비로소 저도 어른이 됐군요

시련

바람을 견딘 꽃이
폭우를 버틴 꽃이
마침내 피어난단 걸 알지만

찬바람에 떨던 기억도
모진 빗물에 젖은 흔적도
내일의 향기로 핀다는 걸 알지만

저는 당신이 이런 시련을 겪지 않고도
어여쁘게 피어나기를 바랍니다

순애

한없이 작은 아이일 뿐인 네가
얼마나 많은 것들을 감당해야 했는지

너의 투박해진 손은 고생의 흔적일 테고
너의 드리워진 눈은 아픔의 흔적일 테다

너를 동정하는 게 아니야
너를 연민하는 게 아니야

그저 이건 너를 향한 순애야
그동안 얼마나 힘들었을까 싶은 마음이야

이젠 내가 널 어루만져줄게
하루의 안부를 묻고
너의 짐을 덜어줄게

그러니 이제는 내게 기대
혼자 설움을 삼키지 말고

미소 뒤에 숨겨진 눈물

웃는 얼굴을 짓고 있는 너는
오늘도 따뜻한 말을 건네준다

하지만 눈빛은 말하지 못한 걸
모두 말하고 있다

환한 미소 사이로
울컥 올라오던 감정들이
살짝 떨리는 입술 끝에서
조용히 스며 나오고 있다

네가 얼마나 자주 눈물을 삼켰는지
아마 사람들은 모를 거야

웃는다는 이유 하나로
아프지 않다고 믿었을 거야

항상 괜찮다고 했으니
정말 괜찮은 줄 알았을 거야

하지만 어느 날
너의 눈에서
눈물이 떨어졌을 때
비로소 알게 되었다

가장 밝은 사람일수록
혼자 어둠을 많이 감췄다는 것을

괜찮지 않아도 돼

괜찮다는 말이 나오지 않는 너에게

어떤 날은 고되고
어떤 날은 아프기도 했을 거야

괜찮다 말하고 싶은데
도저히 괜찮지가 않아서
괜찮다는 말을 하지 못하기도 했을 거야

그럴 땐 괜찮지 않아도 돼
좌절하고, 슬퍼해도 돼

너는 이 시점을 발판 삼아
더 높게 올라갈 테니까

너는 아직 씨앗을 뿌리고 있고
머지않아 싹이 트기 시작할 테니까

그러니까 오늘은 괜찮지 않아도 돼

오늘도 고생 많았어

열심히 보냈지 오늘도
최선을 다했지 오늘도

하루가 다 지나고 나서야
가질 수 있는 온전한 너의 시간

힘든 마음을 꾹꾹 참고 버텨내서
얻어낸 너의 자유 시간

오늘도 고생 많았어
이제 밤이야
안온한 밤 보내길 바랄게

천천히, 너의 속도로

서두르지 않아도 괜찮아
조금 쉬어 가도 괜찮아

지금껏 열심히 달렸잖아
이제는 쉴 시간인 거야

우리 속도를 좀 낮춰볼까?
천천히, 너의 속도를 맞춰볼까?

이제는 숨 차게 뛰지 말자
조금은 걷기도 하고
조금은 뛰기도 하자

그렇게 너만의 방식으로
너만의 속도로 가는 거야

파도가 마음을 씻어줄 거야

오늘 하루도
너무 애썼다는 걸
아무도 몰라줄까 봐
파도에게 부탁했어

네가 조용히
바닷가에 앉아 있으면
하나 둘 흘러온 파도들이
말 없이 네 마음을 닦아줄 거야

세상이 너를 몰라줘도
파도는 알아줄 거야

그래서 네가 아무 말 없이 있어도
네 곁에서 조용히 밀려오면서
묻어버리고 싶은 일들을
하나씩 데려갈 테야

파도는 늘 너를 기다리고 있어
잔잔한 위로의 이름으로

아름 숲, 우리 동네의 사랑 영웅

발행일	2025년 7월 30일 초판 1쇄
펴낸 디자인	황영숙
펴낸이	황종영
지은이	황시영
펴낸곳	차가의 집
출판사등록	2024.2.8(제2024-9호)
주소	제주도 제주시 화남로136, 102-1004
이메일	huang1234@naver.com
연락처	010-7651-0117
홈페이지	https://class.authorshouse.net
ISBN	979-11-94947-19-6(03810)

· 이 책은 저작권법에 의하여 보호를 받는 저작물이므로
  무단 전재와 복제를 금합니다.
· 파본은 구입하신 서점에서 교환해드립니다.